Eric Fischer

Fremdsprachliche Einflüsse auf das Deutsche

GRIN Verlag

Bibliografische Information der Deutschen Nationalbibliothek:

Die Deutsche Bibliothek verzeichnet diese Publikation in der Deutschen National-
bibliografie; detaillierte bibliografische Daten sind im Internet über http://dnb.d-
nb.de/ abrufbar.

Impressum:

Copyright © 2009 GRIN Verlag, Open Publishing GmbH
Druck und Bindung: Books on Demand GmbH, Norderstedt Germany
ISBN: 978-3-640-79037-1

Dieses Buch bei GRIN:

http://www.grin.com/de/e-book/164058/fremdsprachliche-einfluesse-auf-das-
deutsche

GRIN - Your knowledge has value

Der GRIN Verlag publiziert seit 1998 wissenschaftliche Arbeiten von Studenten, Hochschullehrern und anderen Akademikern als eBook und gedrucktes Buch. Die Verlagswebsite www.grin.com ist die ideale Plattform zur Veröffentlichung von Hausarbeiten, Abschlussarbeiten, wissenschaftlichen Aufsätzen, Dissertationen und Fachbüchern.

Besuchen Sie uns im Internet:

http://www.grin.com/

http://www.facebook.com/grincom

http://www.twitter.com/grin_com

Berufliche Oberschule Schwandorf
Schuljahr 2009/10

**Thema: Zeigen Sie auf, welchen Einfluss andere
Sprachen auf das Deutsche hatten und haben.
Bewerten sie ihre Beobachtungen.**

Eric Fischer

Abgabetermin:
01.10.2009

Inhaltsverzeichnis

1. Einleitung

„Andrea war vom Champagner begeistert. Tina wollte aus dem Vitra Panton Chair nicht mehr raus. Und mein Frozen Watermelon Daiquiri mit dem Porsche Standmixer aus der Membership Rewards Prämienwelt machte unseren Mädelsabend perfekt." [1]

Der angeführte Textauszug aus der deutschen Zeitschrift „Living at Home" spiegelt deutlich die sprachliche Situation im Deutschland des 21. Jahrhunderts wider. Viele Menschen blicken mit Besorgnis auf eine Überfremdung der deutschen Sprache durch überwiegend Englische aber auch Französische Spracheinflüsse. Dies wiederum regt viele Sprachwissenschaftler an, solche Sprachphänomene zu untersuchen. Sich mit den Einflüssen anderer Sprachen auf das Deutsche auseinanderzusetzen ist auch die Aufgabe der vorliegenden Seminararbeit. Hierbei bilden die französischen und englischen Spracheinflüsse sowie die Sprachpflege im Laufe der Jahrhunderte den Schwerpunkt. Vorab möchte ich jedoch damit beginnen, dem Leser die deutsche Sprache und ihre Geschichte vorzustellen.

Deutsch ist eine der wichtigsten Kultur-, Wissenschafts- und Verkehrssprachen Europas. Zugleich ist es laut einer Schätzung des Goethe- Instituts die Muttersprache von ca. 110 Millionen Menschen und zählt somit zu den zehn wichtigsten Sprachen der Welt[2]. Das heutige Hochdeutsch entwickelte sich als eine Art „Kompromiss" aus Mittel- und Oberdeutschen Dialekten, welche dem germanischen Sprachzweig entstammen. Dieser wiederum entstand zwischen 300 vor Christus bis 400 nach Christus aus dem Indogermanischen[3]. Einen wichtigen Meilenstein für die Entwicklung des Hochdeutschen setzte Luther mit seiner Übersetzung der Bibel.

---

[1] Thomas Geist, http://www.sprachpanscher.de/
[2] vgl. Anatol Stefanowitsch, http://www.iaas.uni-bremen.de/sprachblog/2009/01/22/zehn-%E2%80%9Egeheimnisse%E2%80%9C-der-deutschen-sprache/
[3] vgl. Jan Wohlgemut, http://www.linguist.de/Deutsch/gdsmain.html

Ebenfalls zu erwähnen ist an dieser Stelle Konrad Duden, welcher mit seinem Buch „Vollständiges Orthographisches Wörterbuch der deutschen Sprache, nach den neuen preußischen und bayerischen Regeln" einen bedeutenden Teil zur Normierung der hochdeutschen Rechtschreibung beigetragen hat[4]. Die deutsche Sprache findet sich in den Ländern Deutschland, Österreich, Liechtenstein, Luxemburg, sowie in Teilen Belgiens, der Schweiz und in Südtirol wieder und zählt somit neben Russisch zu der meistgesprochenen Muttersprache innerhalb der Europäischen Union.

2. Fremdsprachliche Einflüsse auf das Deutsche

Trotz zahlreicher Bemühungen der Sprachgesellschaften wurde die deutsche Sprache im Verlauf der Jahrhunderte von vielen verschiedenen Sprachkontakten geprägt. Das Lateinische fand mitunter durch die Aufnahme des Corpus Iuris Civilis, das im Heiligen Römischen Reich ausgeübte Reichsrecht[5], sowie durch Humanisten, welche sich auf wissenschaftlicher Basis mit der Kultur und den Sprachen der Antike auseinandersetzten[6], seinen Zugang zur deutschen Sprache.

Neben lateinischen Spracheinflüssen finden sich im 15. Jahrhundert zunehmend griechische Entlehnungen wieder. Diese Entlehnungen sind vorrangig durch die Anwendung des Griechischen von Sprach- und Literaturwissenschaftlern zu verzeichnen[7]. Ab dem 16. Jahrhundert erlangt das Französische einen enormen kulturellen und sprachlichen Stellenwert, welcher laut Katarzyna Meder teilweise auf die Vielzahl der kriegerischen Auseinandersetzungen Frankreichs mit anderen Ländern zurückzuführen ist[8]. Auf die oben genannten Spracheinflüsse wird in diesem Kapitel ausführlich eingegangen. Das Hauptaugenmerk wird zudem auf den englischen Spracheinfluss gerichtet.

---

[4] vgl. Brockhaus AG und Duden Paetec GmbH,
    http://www.duden.de/deutsche_sprache/sprachwissen/geschichtliches/konrad-duden/kurzbiografie.php
[5] vgl. Thomas Rüfner,
    http://archiv.jura.uni-saarland.de/Rechtsgeschichte/Ius.Romanum/RoemRFAQ.html
[6] vgl. unbekannter Verfasser,
    http://www.uni-due.de/einladung/Vorlesungen/epik/humanismus.htm
[7] vgl. Katarzyna Meder: Anglizismen in der deutschen Werbesprache. Berlin 2006, S.52
[8] vgl. Katarzyna Meder: Anglizismen in der deutschen Werbesprache. Berlin 2006, S.52

3

2.1 Lateinischer und griechischer Spracheinfluss

Latein gilt seit jeher als Sprache der Wissenschaften und des Rechtswesens. Zudem verstand man Latein und später auch Griechisch als Sprachen der neuen weltlichen Bildung, insbesondere zu Zeiten des Humanismus. Die deutsche Sprache selbst steckte durch die Vorherrschaft des Lateinischen weit über das Ende des Mittelalters hinaus größtenteils noch in den Kinderschuhen und war somit kaum konkurrenzfähig mit anderen europäischen Sprachen.

Schon das Aufeinandertreffen der germanischen und römischen Kultur vermachte dem deutschen Wortschatz eine Vielzahl lateinischer Entlehnungen, welche sich auf die unterschiedlichsten Lebensbereiche erstreckten. So entstanden Lehnprägungen aus dem Bereich des Handels wie beispielsweise „Münze" aus „*moneta*" und „Karren" aus „*carrus*"[9].

Als Lehnprägungen bezeichnet man üblicherweise Fremdwörter, für welche anstatt der einfachen Übernahme derselben eine deutsche Entsprechung gebildet wird. Lehnwörter hingegen werden in der Regel ohne große Veränderungen in die Muttersprache integriert. Im Garten und Weinbau erfuhr der deutsche Wortschatz Ergänzungen wie „Wein", „Kelter", „Becher", „pflanzen" und „pflücken". Insbesondere durch die Einführung des steinernen Hausbau durch die Römer entstanden noch heute gebräuchliche Entlehnungen wie zum Beispiel „Mauer", „Ziegel", „Pforte" und „Keller"[10]. Auch die einfache Übersetzung der römischen Wochentage zeugt von einem intensiven Kontakt der Germanen mit der religiösen Welt der Römer, da deren Wochentage nach verschiedenen Gottheiten benannt waren. Ein typisches Beispiel hierfür findet sich in der Benennung des Donnerstags nach dem germanischen Gott Donar[11]. Weitere Einflüsse lateinischer und griechischer Art entstanden durch die Christianisierung. Diese sind jedoch im Gegensatz zu dem durch die Römer verursachten Spracheinfluss lediglich dem Sachbereich des kirchlichen Lebens zuzuschreiben. In diesem Bereich gab es Entlehnungen wie „Kapelle", „Glocke", „Kreuz", „segnen" und „predigen"[12]. Ein Grund für die Vielzahl der neuen lateinischen und griechischen Wörter liegt auch im Hang zur Originaltreue, welchem sich die humanistische Weltanschauung verschrieben hatte.

---

[9] vgl. Katarzyna Meder: Anglizismen in der deutschen Werbesprache. Berlin 2006, S. 53
[10] vgl. Katarzyna Meder: Anglizismen in der deutschen Werbesprache. Berlin 2006, S. 53
[11] vgl. Robert Berhorst, http://www.uni-giessen.de/~g41007/donar.html
[12] vgl. Katarzyna Meder: Anglizismen in der deutschen Werbesprache. Berlin 2006, S. 54

So wurden im öffentlichen Bereich Lehnwörter verstärkt den deutschen Lehnprägungen vorgezogen, was mitunter auch durch die akademische Statussymbolik bedingt war. Beispiele hierfür finden sich laut Katarzyna Meder bei der Pluralflexion vieler Substantive, *„die bis heute in der deutschen Sprache relevant [sind]: Index- Indices, Atlas- Atlanten, Thema- Themen, Topos- Topoi oder Tempus- Tempora.*"[13] Im Volksmund entstanden in dieser Zeit zahlreiche Lehnprägungen wie zum Beispiel „Heiland", „Schöpfer", „Gott", „Gnade", „Seele" und „Erlösung"[14]. Dies verdeutlicht einen Zusammenhang zwischen fremden Spracheinflüssen und damit verbundenen Neologismen, da viele Lehnwörter für eine Reihe von Lehnprägungen verantwortlich sind. Für das lateinische Wort *„temtatio"* gab es im Althochdeutschen bis zu zehn Lehnprägungen, von welchen sich erst durch Martin Luther das Wort „Versuchung" durchsetzte. Auch im Bereich der stilistischen Mittel entwickelte sich die deutsche Sprache nahe an ihrem lateinischen Vorbild. So wurden die rhetorische Frage, der Parallelismus und die Periphrase kurzerhand aus dem Latein übernommen[15]. Der lateinische Einfluss in der heutigen Zeit beruht größtenteils auf ebensolchen Lehnwörtern und Lehnprägungen aus den vorhergehenden Jahrhunderten. Diese haben sich vorrangig im Bereich der Wissenschaft etabliert, beispielsweise im Sachgebiet der Botanik.

2.2 Einflüsse des Französischen auf das Deutsche

Ab dem 16. Jahrhundert nahm der französische Einfluss auf die deutsche Sprache stark zu. Dies ist einerseits durch die Stationierung französischer Truppen während des Dreißigjährigen Krieges zu erklären, sowie durch die kulturelle und gesellschaftliche Vormachtstellung Frankreichs in Europa. Da Frankreich in Fragen der Bildung und des Geschmacks als unerreichbares Vorbild galt, ist es wenig verwunderlich, dass sämtliche höfische Korrespondenz, ob Verhandlungen oder gesellschaftlicher Umgang, fast ausschließlich auf Französisch stattfand[16]. Die in Frankreich ausgetragenen Hugenottenkriege bescherten der deutschen Sprache eine weitere Zunahme des Französischen, welcher sich in diesem Falle in jeder Bevölkerungsschicht ausbreitete.

---

[13] Katarzyna Meder: Anglizismen in der deutschen Werbesprache. Berlin 2006, S. 57
[14] vgl. Katarzyna Meder: Anglizismen in der deutschen Werbesprache. Berlin 2006, S. 54
[15] vgl. Katarzyna Meder: Anglizismen in der deutschen Werbesprache. Berlin 2006, S. 58
[16] vgl. Peter von Polenz: Geschichte der deutschen Sprache. Berlin 2009, S. 99
[17] vgl. Peter von Polenz: Geschichte der deutschen Sprache. Berlin 2009, S. 99

Die aus Frankreich vertriebenen Protestanten wurden teilweise in Deutschland ansässig, wo sie sich als Übersetzer oder Lehrer ihren Lebensunterhalt verdienten[17]. Dieser verstärkt in Süddeutschland auftretende Zusammenstoß der Kulturen und Sprachen lässt sich an der Vielzahl der noch heute gebräuchlichen Lehnwörter in diesem Sprachbereich erkennen. So ist in vielen süddeutschen Mundarten bis heute das „*Trottoir*" für den Bürgersteig, das „*Kanapee*" für eine Polsterbank und zudem für mundgerecht servierte Happen, das „*Billet*" für die Fahrkarte, das „*Couvert*" für den Briefumschlag sowie die „*Chaiselongue*" anstelle des niedrigen Tagesbettes anzutreffen. Auch das bayerische „*Sakredie*", welches sich am treffendsten mit dem Wort „verflixt" ins Hochdeutsche übersetzen lässt, legt eine Verwandtschaft mit dem französischen „*Sacré dieu*" nahe. Seinen Höhepunkt erreichte das Französische im deutschen Sprachraum im 17. Jahrhundert einerseits mit dem Aufkommen des Alamodewesens, einer Definition des Dudens zufolge dem übertriebenen Ausrichten des modisch- gesellschaftlichen und kulturellen Lebens, und andererseits durch Ludwig XIV, auch bekannt als Luis le Grand oder Sonnenkönig[18]. Dieser trieb die Wissenschaft, das gesellschaftliche Leben sowie die Kunst auf einmalige und damals unerreichbare Art und Weise voran und setzte so Frankreich und dessen Sprache ein weiteres Mal als Maßstab für ganz Europa. Ab diesem Zeitpunkt herrscht längst nicht mehr die Angst der übermäßigen Einflussnahme des Französischen auf das Deutsche vor. Vielmehr bestand die akute Gefahr der Verdrängung des Deutschen zugunsten des Französischen. So berichtet Voltaire noch 1750 aus Potsdam: „*Ich befinde mich hier in Frankreich. Man spricht nur unsere Sprache, das Deutsche ist nur für die Soldaten und die Pferde.*" [19]
Einen sprachlichen Wendepunkt läuten mitunter die staatsmännischen und kriegerischen Erfolge von Friedrich II. ein, welche dem Land erstmals einen gewissen Nationalstolz vermittelten und „*der sprachlichen Überfremdung ein Ende setzte[n].*" [20]

---

[18] vgl. Katarzyna Meder: Anglizismen in der deutschen Werbesprache. Berlin 2006, S. 61
[19] Peter von Polenz: Geschichte der deutschen Sprache. Berlin 2009, S. 102
[20] Peter von Polenz: Geschichte der deutschen Sprache. Berlin 2009, S. 10

2.3 Der englische Spracheinfluss und dessen Ursachen

Die Wurzeln des englischen Spracheinflusses auf das Deutsche erstrecken sich besonders im hanseatischen Gebiet bis ins tiefe Spätmittelalter, aus welchem bis heute Entlehnungen wie Boot, Lotse und Dock gebräuchlich sind[21]. Die von 1642 – 1649 in England ausgetragene bürgerliche Revolution verursacht einen weitreichenden Einfluss des Englischen auf literarischer Ebene. Aus dieser Zeit stammen Lehnprägungen wie Adresse, Akte, Debatte und Parlament[22]. Im Verlauf des 18. Jahrhunderts bilden sich Zentren des englisch – deutschen Sprachkontaktes in Hamburg (englische Handelskolonie), Göttingen und in Leipzig, wo sich Johann Christoph Gottsched mit der Übersetzung englischer Schriften von Pope und Addison befasst[23].

Da England im Zeitalter der industriellen Revolution Vorreiter in den Bereichen Industrie und Handel war, ist die Übernahme weiterer Lehnprägungen wie Lokomotive, Waggon, Kartell und Partner kaum verwunderlich. Auch in den Sachbereichen Journalismus und Politik findet sich entlehntes Wortgut wie Reporter, Interview, Demonstration, Mob und lynchen wieder[24]. Das seit der Französischen Revolution und Napoleon aus dem deutschen Sprachgebrauch schwindende Französisch wird ab dem 19. Jahrhundert auch in Bezug auf das Gesellschaftsleben abgelöst. Englisch gilt als modische Konversationssprache. Wer etwas auf sich hielt, war

„Gentleman, Snob, Dandy oder Selfmademan, gehörte einem Club an, benahm sich fair, fand die Dinge allright oder tiptop, trug den Cutaway, Frack, Smoking oder die Breeches, aß Beefsteak, Toast, Keks und Pudding, trank in der Bar einen Whiskey, Sherry oder Cocktail, trieb Sport, spielte Tennis oder Hockey, machte Picknick und erlaubte sich einen Flirt oder gar einen Spleen."[25] Dieser Trend setzt sich im 20. Jahrhundert weiter fort. Er ist jedoch in zunehmendem Maße von den wirtschaftlichen und politischen Beziehungen zu den USA und Großbritannien geprägt.

---

[21] vgl. Katarzyna Meder: Anglizismen in der deutschen Werbesprache. Berlin 2006, S. 67
[22] vgl. Peter von Polenz: Geschichte der deutschen Sprache. Berlin 2009, S. 133
[23] vgl. Claudia Maria Riehl, http://books.google.de/books?id=eRVxNGMQYWEC&pg
               =PA181&lpg=PA181&dq=handelskolonie+hamburg&source=bl&ots=AmFs8hf
               2kR&sig=sAl18oIZSq_tJyw3KZAOsp503w&hl=de&ei=28ibSrnaIdCg_AbcuuC
               qBQ&sa=X&oi=book_result&ct=result&resnum=3#v=onepage&q=&f=false
[24] vgl. Peter von Polenz: Geschichte der deutschen Sprache. Berlin 2009, S. 134
[25] Peter von Polenz: Geschichte der deutschen Sprache. Berlin 2009, S. 135

Dies zeigt sich besonders in der enormen Rückläufigkeit des englischen Spracheinflusses während des ersten Weltkrieges sowie in der Zeit der Nationalsozialisten. Jedoch markiert die Rückläufigkeit während des zweiten Weltkrieges zugleich eine Grenze in der Beeinflussung der deutschen Sprache durch das Englische. Somit lässt sich der Sprachkontakt in zwei verschiedenen Zeiträumen betrachten. Die erste Phase reicht nach Katarzyna Meder vom Spätmittelalter bis hin zum zweiten Weltkrieg, während sich der zweite Zeitraum vom Jahr 1945 bis in die Gegenwart erstreckt[26]. Der Einfluss des Englischen in der ersten Phase ist quantitativ gesehen wesentlich geringer als der der Zweiten, was sich trotz des wesentlich längeren Zeitraums, über welchen sich die erste Phase erstreckt, gut mit der Verbreitung englischen Wortguts via Massenmedien im zweiten Zeitraum erklärt.

Zudem verstärkt sich die Eingliederung englischen Vokabulars in den deutschen Wortschatz nach Kriegsende im Wesentlichen durch zwei Faktoren. Einerseits durch den wirtschaftlichen und kulturellen Einfluss Englands und vor allem Amerikas, sowie andererseits durch die Besetzung von Teilen Deutschlands durch englische und amerikanische Truppen. Begünstigend wirkt sich hierbei auch der in dieser Zeit auftretende Generationenkonflikt aus. Folgender Dialog aus dem im Jahre 1958 erschienenen Film „Verbrechen nach Schulschluss" soll dies veranschaulichen:

Oberst a. D. König: „*Wenn die Behörde keinen Grund zum Eingreifen sieht, dann hast du dir nicht anzumaßen, es besser zu wissen.*"

Fabian König: „*Wir sind doch nicht beim Militär, Vater.*"

Oberst a. D. König: „*Leider – jawohl, leider.*"

Fabian König: „*Die Zeiten haben sich geändert. Wir haben heute andere Ideale.*"

Oberst a. D. König: „*Kintopp, Niggertrompeter und Urwaldmusik*"

Fabian König: „*Euch hat auch mal eine Musik verrückt gemacht. Nur habt ihr nicht danach getanzt. Ihr seid marschiert. Und ihr habt nicht ein paar Möbel zerschlagen, sondern die halbe Welt.*"[27]

---

[26] vgl. Katarzyna Meder: Anglizismen in der deutschen Werbesprache. Berlin 2006, S. 68
[27] Edel O´Halloran: Ist Mode englisch? Frankfurt 2002, S. 151f

Aus dem angeführten Dialog geht hervor, dass sich der englische Spracheinfluss in diesem Zeitraum bis ins einfache private Gesellschaftsleben ausweitete. Besonders die Jugend neigt dazu, dem besiegten Vaterland den Rücken zuzuwenden und sich den Idealen der siegreichen Truppen aus Amerika zu verschreiben. Die „Teenager" bemühen sich um die Aufnahme jedes noch so kleinen Wortes derer, die für die neuen, freiheitlichen und modernen Werte stehen, für den „American Way of Life". Eltern sehen sich kurzerhand mit Vokabular wie „Make – up ", „Playboy", „Rocker", „Date", und „Callgirl" konfrontiert[28]. Dieser Trend reicht soweit, dass sich seither eine Flut von Scheinentlehnungen über die deutsche Sprache ergießt, durch welche auch als „Pseudoenglisch" betitelte Wörter wie beispielsweise „Dressman", „Handy", „Beamer", „Oldtimer" und „Evergreen" entstanden[29]. Manipuliert wird die Denkweise der „Wirtschaftswunder – Deutschen" von Werbeprospekten, Boulevardblättern und von den modernen Medien, auf welche im folgenden Unterpunkt genauer eingegangen wird. Nicht zu vergessen ist jedoch auch der Einfluss, den das Englische auf wissenschaftlicher und technologischer Ebene auf das Deutsche ausübt. In diesem Fachbereich erfuhr der deutsche Sprachwortschatz Erweiterungen wie zum Beispiel „Computer", „Radar", „Laser", „Laptop" und „Test"[30].

2.3.1 Englisch in der Werbesprache

Werbung ist das Hauptinstrument der absatzfördernden Industrie. Sie soll eine bestimmte Zielgruppe ansprechen, beeinflussen, und von dem entsprechenden Produkt überzeugen. Um die Menschen zur Erfüllung der jeweiligen Werbeziele zu veranlassen, werden verschiedene stilistische Mittel angewandt. Eines der umstrittensten ist heutzutage zweifelsohne die zunehmende Verwendung des Englischen in Produktnamen, Produktbeschreibungen sowie in sogenannten „Werbeslogans". Bedingt ist die steigende Anglisierung der Werbesprache durch verschiedene Faktoren, welche im Folgenden eingehend erläutert werden.

---

[28] vgl. Peter von Polenz: Geschichte der deutschen Sprache. Berlin 2009, S. 135
[29] vgl. Peter von Polenz: Geschichte der deutschen Sprache. Berlin 2009, S. 135
[30] vgl. Katarzyna Meder: Anglizismen in der deutschen Werbesprache. Berlin 2006, S. 68

Werbung dient in der Regel dem Anpreisen eines neuen Produktes. Für neue Produkte aus dem englischen Sprachraum werden deren Namen meist eins zu eins übernommen, was den Verfassern die Suche nach deutschen Entsprechungen erspart. Oft ist die Werbewelt auch mit dem Phänomen konfrontiert, etwas als neu anpreisen zu müssen, was in der Vergangenheit bereits existierte. Beispiele hierfür finden sich in wiederkehrenden Trends der Modewelt wie dem „Crinkle-Look", welcher dem einstigen Knitterlook entspricht[31].

Die Werbebranche greift zudem gern auf Bezeichnungen aus dem Angloamerikanischen Sprachraum zurück, da diese für den Leser etwas Neues und Exotisches suggerieren. Würde der „Trash-Look" beispielsweise plötzlich zum „Müllaussehen", verlöre sich manches von seinem Charme. Des Weiteren erzeugt ein dem Leser bekanntes Fremdwort in Werbeanzeigen ein Gefühl der Zugehörigkeit und Überlegenheit, da sich dieser durch das Verständnis der „Fachsprache" zu dem Kreis der Vertrauten zählen darf. Dies führt zu einer mit dem Produkt einhergehenden Sympathie, welche nur allzu oft zum Kauf des Werbegegenstandes führt. Eine englische Warenbezeichnung dient auch dem Zweck, die Internationalität einer Firma oder eines Produktes zu demonstrieren oder global verständlich zu sein[32]. Daher resultiert der Irrglaube vieler Firmen, sie gelten als provinziell, wenn sie auf deutsche Firmennamen oder auf deutsche Texte in ihren Werbeanzeigen zurückgreifen. Somit ist es kaum verwunderlich, dass mittlerweile in jeder noch so großen oder kleinen Stadt ein „Dress Store" seine Kleidung mit großen „Sales" zur Schau stellt. Auch der „Bratwurstpoint" oder der „Trachtenoutlet" sind in Deutschland keine Seltenheit mehr. Jedoch weist das Einbringen von Anglizismen auch positive Aspekte auf. So erlaubt die Verwendung von Anglizismen oftmals eine knappere und präzisere Ausdrucksweise, weshalb Redakteure den entlehnten Terminus einer Übersetzung vorziehen. Das „Hobby" wird beispielsweise nicht mehr umständlich als Lieblingsbeschäftigung oder Steckenpferd bezeichnet und die „Party" ersetzt das gesellige Beisammensein. In einigen Fällen dient das Fremdwort auch dem Zweck, Wortwiederholungen zu vermeiden.

Wenn die gewünschte Zielgruppe erreicht und zum Kauf animiert wird, ist es für die Macher von Werbetexten verständlicherweise zweitrangig, wenn nicht zur Zielgruppe gehörende Personenkreise mit Verunsicherung und Verärgerung reagieren.

---

[31] vgl. Lesley Sevriens, http://www.brigitte.de/mode/mode-trends/sommertrend-crinkle-2009-1009475/
[32] vgl. Katarzyna Meder: Anglizismen in der deutschen Werbesprache. Berlin 2006, S. 92

Überraschende Informationen lieferte jedoch eine im Jahr 2004 von der Firma „Endmark International Namefinding AG" durchgeführte repräsentative Studie, welche unter anderem besagt, dass gerade einmal 50 % der Umfrageteilnehmer den Werbeslogan *„There is no better way to fly"* der Firma „Lufthansa" voll verstanden. Abstruse Ergebnisse lieferten der Werbeslogan des Senders Sat 1, *„Powered by emotion"*, sowie der Werbeslogan der Firma Douglas, *„Come in and find out"*, welche mit *„Kraft durch Freude"* beziehungsweise *„Kommen sie herein und finden sie wieder hinaus"* übersetzt wurden[33]. Da verkomplizierte Werbesprüche an der Zielgruppe nahezu vorbeiziehen, haben einige der Unternehmen bereits reagiert und wieder deutschsprachige Werbeslogans in Verwendung.

2.4 Andere fremdsprachliche Einflüsse auf das Deutsche

Abgesehen von den schon genannten Spracheinflüssen wirkten sich im Laufe der Jahrhunderte auch andere kulturelle Kontakte auf die deutsche Sprache aus. So brachten italienische Kaufleute, Seefahrer und Söldner verschiedene noch heute gebräuchliche Wörter nach Deutschland, zu denen unter anderen „Proviant", „Bankerott", „Bilanz" und „Passagier" gehören[34]. Auch die damaligen Kriegs - und Pilgerzüge trugen ihren Teil zur Integrierung italienischen Wortgutes in die deutsche Sprache bei. Der Nachbarschaft mit den Niederlanden verdanken wir Wörter wie beispielsweise „Deich", „baggern", „Düne" und „Schleuse" [35]. Es ist ersichtlich, dass Lehnwörter aus den Niederlanden vorrangig der Schifffahrt, dem Fernhandel und dem Sachbereich der Wasserbautechnik entstammen. In Bezug auf den hebräischen Spracheinfluss spielen Entlehnungen aus dem Jiddischen die Hauptrolle. Wörter aus diesem Sprachbereich sind zum Beispiel „betucht", „Schmiere stehen", „Schlamassel" und „Stuss" [36].

---

[33] vgl. Christine Bayer, http://www.wertvolle-kommunikation.net/know-how- box/2005/Werbeslogans-Muss-es- immer-Englisch-sein/

[34] vgl. Katarzyna Meder: Anglizismen in der deutschen Werbesprache. Berlin 2006, S. 62

[35] vgl. Katarzyna Meder: Anglizismen in der deutschen Werbesprache. Berlin 2006, S. 63

[36] vgl. Claus Stephanie, http://www.david.juden.at/buchbesprechungen/61-65/62-Stephani.htm

3. Die Arbeit der Sprachgesellschaften früher und heute

Das Hauptziel der meisten Sprachgesellschaften war und ist die Pflege der deutschen Sprache sowie die Verbesserung der Sprachkompetenz. Einige Gesellschaften verfolgten auch die Absicht, die Reinheit der deutschen Sprache herzustellen, was mit einer Ausmerzung jeglichen fremden Wortgutes einherging. Aus diesem Grunde ist eine Unterscheidung zwischen Sprachpflege und Sprachpurismus von Nöten. Im Folgenden wird auf beide Arten von Sprachgesellschaften eingegangen.

Im 17. Jahrhundert lassen sich erstmals Bestrebungen zur Pflege der deutschen Sprache feststellen. Im Jahre 1617 gründete Fürst Ludwig von Anhalt – Köthen die Fruchtbringende Gesellschaft, welche auch als Palmenorden bezeichnet wird. Wichtige Mitglieder dieser Verbindung waren unter anderen Opitz, Buchner, Harsdörffer und Schottelius[37]. Die Hauptziele waren die Sprachreinheit, die Sprachrichtigkeit, die Sprachschönheit sowie die Pflege der Muttersprache zu gewährleisten. Zudem gab der Palmenorden erste Anregungen zur lexikalischen Erfassung der deutschen Sprache[38]. 1643 gründete Philipp von Zesen die Deutschgesinnte Genossenschaft in Hamburg. Voraussetzungen für die Aufnahme in die Deutschgesinnte Gesellschaft waren mitunter, eine schriftstellerische Tätigkeit auszuüben und sämtliche Werke in fremdwortfreiem Deutsch zu veröffentlichen[39]. Harsdörffer gründete 1644 in Nürnberg die Hirtengenossenschaft, welche ebenso wie der 1656 von Wedel in Hamburg gegründete Elbschwanenorden zu den eher unbedeutenden Zusammenschlüssen gehörte[40]. Ein wesentlicher Kernpunkt vieler Sprachgesellschaften war auch die Verdeutschung fremden Lehngutes. Harsdörffer ersetzte „*Chronographicon*" durch „Zeitschrift" und die „*Korrespondenz*" durch den „Briefwechsel". Philipp von Zesen versuchte sich ebenfalls an der Verdeutschung von Fremdwörtern. Er führte abstruse Begriffe wie „Löschhorn" oder „Gesichtserker" für das vermeintliche Fremdwort „Nase", sowie die „Zeugemutter" anstelle der „Natur" ein. Im Gegensatz zu seinen Neologismen „Vollmacht" und „Tagebuch" anstelle von „*Plenipotenz*" und „*Journal*" setzten sich erstere Verdeutschungen nicht durch[41].

---

[37] vgl. Neue Fruchtbringende Gesellschaft, http://www.fruchtbringende-gesellschaft.de/historisch.html
[38] vgl. Katarzyna Meder: Anglizismen in der deutschen Werbesprache. Berlin 2006, S. 15
[39] vgl. Wolfgang Pohl, http://www.pohlw.de/literatur/sadl/barock/sprachge.htm
[40] vgl. Katarzyna Meder: Anglizismen in der deutschen Werbesprache. Berlin 2006, S. 15
[41] vgl. C. Ritter, http://gedichte.xbib.de/biographie_Zesen.htm

Soweit sich die Ziele und Vorstellungen der Sprachgesellschaften im 17. Jahrhundert auch unterschieden, so lassen sich trotz allem Übereinstimmungen in den Zielen der Förderung der deutschen Sprache sowie der Aufrechterhaltung der alten Tugenden feststellen. Seit Ende des 18. Jahrhunderts ist die deutsche Sprache nur noch bedingt durch fremdsprachliche Einflüsse gefährdet. Dies ist auch dem Umstand zu verdanken, dass die deutsche Sprache mittels der Dichtkunst zur Hochsprache wurde[42]. Auch in diesem Jahrhundert macht sich der Verdeutschungsprozess bemerkbar. So werden von Joachim Heinrich Campe Begriffe wie „Kreislauf" oder „Umlauf" für die „Zirkulation", „Bittsteller" für „Supplikant" und „Stelldichein" anstelle dem französischen Lehnwort „Rendez – vous" eingeführt[43]. An mehreren Universitäten kommt es zur Gründung von deutschen Gesellschaften, deren bedeutendste die von Johann Christoph Gottsched reorganisierte deutsche Gesellschaft in Leipzig war[44]. Das 19. Jahrhundert ist zunehmend vom Sprachpurismus geprägt. Laut Katarzyna Meder wird „[d]ie Überflutung der deutschen Sprache mit fremdem Wortgut [...] als geistige Sklaverei und als Ursache für die Beeinträchtigung des Nationalgefühls und Volksbewusstseins gewertet."[45] Als Kernziele des 19. und frühen 20. Jahrhunderts gelten die Bevorzugung deutscher Wörter vor Fremdwörtern, wenn der Gebrauch derselben unumgänglich, dann die deutsche Aussprache von Fremdwörtern, sowie die Fremdwortverdeutschung. Neben der Bildung einiger eher unbedeutender Sprachgesellschaften wird die Ausmerzung überflüssiger Fremdwörter in den Sachbereichen Militär, Eisenbahn, sowie Post,- Rechts - und Bauwesen durch die entsprechenden Behörden „verstaatlicht"[46]. Erwähnenswert ist zudem die 1885 durch Hermann Dunger vollzogene Gründung des allgemeinen deutschen Sprachvereins in Dresden (Adsv)[47]. Während und nach der Weimarer Republik erreicht der Fremdwortpurismus antisemitische Ausmaße. So wird der Gebrauch von Wörtern jüdischen Ursprungs „als eines deutschen Volksgenossen unwürdig erklärt"[48]. Nach Ende des zweiten Weltkrieges wird 1947 die Gesellschaft für deutsche Sprache in Lüneburg gegründet, welche bis heute zu den bedeutendsten Sprachgesellschaften zählt. Zudem nehmen die Dudenredaktionen in Leipzig und Wiesbaden den Platz der wichtigsten sprachpflegerischen Institutionen in der DDR bzw. in der BRD ein.

---

[42] vgl. Peter von Polenz: Geschichte der deutschen Sprache. Berlin 2009, S. 110
[43] vgl. Fritz Vilmar, http://www2.tu-berlin.de/fb1/AGiW/Cricetus/SOzuC1/SOBFDtSpr/Archiv2/Vilmar.htm
[44] vgl. Wolfgang Pohl, http://www.pohlw.de/literatur/sadl/aufklaer/gottschd.htm
[45] Katarzyna Meder: Anglizismen in der deutschen Werbesprache. Berlin 2006, S. 21
[46] vgl. Katarzyna Meder: Anglizismen in der deutschen Werbesprache. Berlin 2006, S. 22
[47] vgl. Peter von Polenz: Deutsche Sprachgeschichte vom Spätmittelalter bis zur Gegenwart. Berlin 1999, S.272
[48] Katarzyna Meder: Anglizismen in der deutschen Werbesprache. Berlin 2006, S. 27

Um der aktuellen Anglisierung der deutschen Sprache entgegenzutreten, gründete Professor Dr. Walter Krämer 1997 den Verein Deutsche Sprache. Dieser setzt sich mit seinen rund 30000 Mitgliedern für die Bewahrung und Weiterentwicklung der deutschen Sprache ein. Die Bestrebungen des VDS sind von sprachpuristischen und nationalistischen Zielen abzugrenzen, da Fremdwörtern grundsätzlich ihre Berechtigung in der deutschen Sprache zugestanden wird. Allerdings verurteilt der Verein Deutsche Sprache das übermäßige und nicht notwendige Eistreuen fremden Vokabulars, da es Menschen mit eingeschränkten Fremdsprachenkenntnissen ausgrenzt. Genannte Sprachgesellschaften und Institutionen beschäftigen sich heutzutage neben dem Kampf gegen angloamerikanische Spracheinflüsse schwerpunktmäßig mit den Themen Sprachhilfe, Sprachpflege, sowie Ausbildung des Sprachgefühls.

4. Fremdsprachliche Einflüsse: Bedrohung oder Bereicherung?

Die deutsche Sprache ist seit jeher von fremdsprachlichen Einflüssen geprägt. Fremdwörter sind somit ein wesentlicher und nahezu unverzichtbarer Teil unserer Muttersprache. Durch sie ist es möglich, Dinge welche sich im Deutschen nur mühsam umschreiben ließen, präzise und treffend auszudrücken. Zudem bieten sie eine Vielzahl stilistischer Möglichkeiten. Sie können im Gegensatz zu ihren deutschen Äquivalenten Dinge leichter beschönigen, unerwünschte Assoziationen und Wortwiederholungen vermeiden, etwas Neues beschreiben oder alten Dingen einen neuen, exotischen und unverwechselbaren Beiklang geben. Auch bestimmte Fachtermini lassen sich mit den entsprechenden Fremdwörtern global verständlich wiedergeben, was für die wissenschaftliche Kommunikation erhebliche Vorteile bietet. Allerdings erfreut sich auch die These von der Überfremdung des Deutschen durch übermäßiges Eindringen von Fremdwörtern ungebrochener Beliebtheit. Seit 1945 erfuhr die deutsche Sprache einen enormen Zustrom von angloamerikanischem Wortgut. Beschränkte sich dieser vorerst auf technische Bezeichnungen und Fachausdrücke, finden sich gegenwärtig in der Alltagssprache eine Reihe von Belegen für das Überfremdungssyndrom. Heutzutage werden beispielsweise keine Termine mehr gestrichen, man „cancelt" ein „Meeting". Für den Besuch der „University of Applied Sciences" benötigt man keine Grundlagen, sondern „Basics".

„Mum" und *„Dad"* kaufen längst nicht mehr im biederen Discounter um die Ecke, sondern im *„Shopping – Center"* in der *„City"*. In früheren Zeiten brauchte man für den Besuch eines Kinos eine Eintrittskarte, für den Zug einen Fahrschein und für den Parkplatz einen Parkschein. Hatte man keinen Parkschein, fand sich ein Strafzettel beziehungsweise ein Knöllchen an der Windschutzscheibe wieder. Obgleich diese Formen eine wesentlich differenziertere Ausdrucksweise erlauben, sind sie durch das englische Wort *„Ticket"* nahezu vollständig aus dem aktiven Sprachwortschatz verbannt worden. Das Deutsche läuft früher oder später Gefahr, seinen Status als Kultur – und Wissenschaftssprache zu verlieren. Schon heute ist es in einigen Fachbereichen ungebräuchlich geworden, da man versäumt hat, geeignete deutsche Terminologien zu entwickeln oder diese an die Entwicklung anzupassen. Verstärkt wird dieser Wandel durch die Werbe – und Unterhaltungsbranche, Massenmedien sowie durch die Öffentlichkeit. Obgleich sich in der Vergangenheit unzählige Vergleiche für fremdsprachliche Einflüsse finden, welche zu keiner Verdrängung sondern vielmehr zu einer Bereicherung der deutschen Muttersprache geführt haben, ist es meines Erachtens wichtig, den Gebrauch von Fremdwörtern genau auf die Bereiche einzugrenzen, in denen die deutsche Sprache keine treffende Entsprechung bietet. Die heutige deutsche Sprache bietet mit ihren unterschiedlichen Dialekten und zahlreichen Finessen ein beindruckendes Bauwerk auf dem Fundament der dichterischen Hochsprache und ist ein individuelles Merkmal unseres Volkes. Sie ist ein Teil unserer Identität. In diesem Zusammenhang erachte ich es als wichtig, die Liebe zur eigenen Muttersprache zu wahren und zu fördern, sowie vom unachtsamen Gebrauch von Fremdwörtern anstelle von muttersprachlichen Entsprechungen abzusehen, da dies einen weiteren Baustein in einer Wand bedeutet, welche schließlich Teile unserer Identität auslöscht.

.

5. Literaturverzeichnis

Literatur

1. Meder, Katarzyna: Anglizismen in der deutschen Werbesprache,
                            Berlin 2006

2. O'Halloran, Edel: Ist Mode englisch?
                            Frankfurt am Main [u.a.] 2002

3. Polenz, Peter v. :   Geschichte der deutschen Sprache,
                            Berlin 2009

4. Polenz, Peter v. :   Deutsche Sprachgeschichte vom Spätmittelalter bis zur
                            Gegenwart,
                            Berlin 1999

5. Riehl, Claudia Maria: Sprachkontaktforschung: Eine Einführung,
                            Tübingen 2004

Internetquellen

1. Bayer, Christine: Werbeslogans: Muss es immer Englisch sein?
                            Internetpublikationen unter:
                            http://www.wertvolle-kommunikation.net/know-how-
                            box/2005/Werbeslogans-Muss-es-immer-Englisch-sein/
                            [Stand: 03.09.09]

2. Berhorst, Robert: Donar – Thor,
                            Internetpublikationen unter:
                            http://www.uni-giessen.de/~g41007/donar.html
                            [Stand: 17.08.09]

3. Bibliographisches   Konrad Alexander Friedrich Duden- Kurzbiografie,
   Institut & F. A.   Internetpublikationen unter:
   Brockhaus AG und   http://www.duden.de/deutsche_sprache/sprachwissen/
   Duden Paetec GmbH: geschichtliches/konrad-duden/kurzbiografie.php
                            [Stand: 22.07.09]

4. Geist, Thomas: Kauderwelschseite der Sprachpanscher,
                            Internetpublikationen   unter:
                            http://www.sprachpanscher.de/
                            [Stand: 22.07.09]

5. Härtel, Florian: 10 Jahre Verein Deutsche Sprache – Regensburg Stadt und Land, Internetpublikationen unter:
http://www.vds-regensburg.de/index.php?index=jubilaeum
[Stand: 13.09.09]

6. Humanismus: Humanismus, Internetpublikationen unter:
http://www.uni-due.de/einladung/Vorlesungen/epik/humanismus.htm
[Stand: 13.08.09]

7. Neue Fruchtbringende Gesellschaft: Historische Wurzeln - die Fruchtbringenden Gesellschaft des 17. Jahrhunderts, Internetpublikationen unter:
http://www.fruchtbringende-gesellschaft.de/historisch.html
[Stand: 10.09.09]

8. Pohl, Wolfgang: Barocke Sprachgesellschaften, Internetpublikationen unter:
http://www.pohlw.de/literatur/sadl/barock/sprachge.htm
[Stand: 10.09.09]

9. Pohl, Wolfgang: Johann Christoph Gottsched, Internetpublikationen unter:
http://www.pohlw.de/literatur/sadl/aufklaer/gottschd.htm
[Stand: 10.09.09]

10. Ritter, C.:   Zesen – Biografie & Lebenslauf, Internetpublikationen unter:
http://gedichte.xbib.de/biographie_Zesen.htm

11. Rüfner, Thomas: Römisches Recht in Fragen und Antworten, Internetpublikationen unter:
http://archiv.jura.uni-saarland.de/Rechtsgeschichte/Ius.Romanum/RoemRFAQ.html
[Stand: 13. 08.09]

12. Sevriens, Lesley: Sommer – Trends 2009, Internetpublikationen unter:
http://www.brigitte.de/mode/mode-trends/sommertrend-crinkle-2009-1009475/
[Stand: 03.09.09]

13. Stefanowitsch, Anatol: Zehn Geheimnisse der deutschen Sprache, Internetpublikationen unter: http://www.iaas.uni-bremen.de/sprachblog/2009/01/22/zehn-%E2%80%9Egeheimnisse%E2%80%9C-der-deutschen-sprache/ [Stand: 22.07.09]

14. Stephanie, Claus: Jiddische Wörter im Deutschen, Internetpublikationen unter: http://www.david.juden.at/buchbesprechungen/61-65/62-Stephani.htm [Stand: 07.09.09]

15. Vilmar, Fritz Die Sprachdiskussion über das Stammtischniveau erheben. Niemand will eine Sprachpolizei, Internetpublikationen unter: http://www2.tu-berlin.de/fb1/AGiW/Cricetus/SOzuC1/SOBFDtSpr/Archiv2/Vilmar.htm [Stand: 10.09.09]

16. Wohlgemuth, Jan: Geschichte der deutschen Sprache, Internetpublikationen unter: http://www.linguist.de/Deutsch/gdsmain.html [Stand: 22.07.09]